El viaje del usuario

Cómo funciona la mente a través de los textos y el diseño

educativos y no debe interpretarse como asesoramiento legal o profesional.

La mente del usuario juega un papel crucial al experimentar con textos y diseños, y su funcionamiento puede analizarse desde una perspectiva científica. Exploremos algunos aspectos clave de este proceso.

Cuando un usuario interactúa con un texto o diseño, en su mente tienen lugar diversas actividades cognitivas. A nivel perceptivo, los estímulos visuales y textuales son procesados por sistemas sensoriales como la visión y la lectura. La mente del usuario interpreta y analiza elementos visuales como colores, formas, imágenes y tipografía, así como la estructura y contenido del texto.

Comprender el texto implica activar procesos lingüísticos, como decodificar palabras, atribuir significado e interpretar oraciones. Los usuarios utilizan su conocimiento previo, vocabulario y experiencias para comprender los mensajes transmitidos por el texto. También evalúan la claridad, cohesión y coherencia del texto, buscando obtener un significado completo y coherente.

En cuanto al diseño, la mente del usuario procesa la información visual de manera holística, identificando patrones, jerarquías y estructuras. Los principios de diseño como el contraste, la alineación, la proximidad y el equilibrio influyen en la percepción y la organización visual de la información. Los usuarios también aplican mentalidades y expectativas basadas en sus experiencias pasadas para interpretar y navegar el diseño.

Además, la mente del usuario está influenciada por factores emocionales y motivacionales cuando experimenta con textos y diseño. Las emociones juegan un papel importante en la formación de actitudes y en la respuesta afectiva a las experiencias. Los usuarios pueden experimentar sentimientos positivos como satisfacción y placer, o sentimientos negativos como frustración y confusión, dependiendo de la calidad y adecuación del texto y el diseño.

Los procesos cognitivos y emocionales de la mente del usuario son estudiados por varias disciplinas científicas, como la psicología cognitiva, la psicología experimental y la neurociencia. Estos estudios brindan información valiosa sobre cómo los usuarios perciben, entienden, evalúan y responden a los textos y diseños, lo que permite a los profesionales de UX y diseño tomar decisiones informadas y crear experiencias más efectivas y atractivas.

En última instancia, verá que la mente del usuario juega un papel complejo y multifacético cuando experimenta con el texto y el diseño. El procesamiento perceptivo, la comprensión textual, la percepción visual, las emociones y la motivación son algunos de los aspectos que intervienen en este proceso. Comprender estos mecanismos científicamente ayuda a crear experiencias más impactantes y significativas para los usuarios.

Una breve introducción al mundo UX

La Experiencia de Usuario (UX) es una disciplina que busca comprender y mejorar la interacción entre los usuarios y un producto, sistema o servicio.

Esta área de estudio es fundamental para crear experiencias satisfactorias, intuitivas y eficientes, teniendo en cuenta las necesidades, deseos y expectativas de los usuarios. En este texto exploraremos el concepto de UX, su importancia y origen.

El surgimiento del término "Experiencia de usuario" se remonta a la década de 1990, cuando el investigador Don Norman popularizó el concepto en su obra "El diseño de las cosas cotidianas".

Norman fue una de las figuras pioneras en el campo de la ergonomía cognitiva y defendió la importancia de diseñar productos centrados en el usuario.

Sin embargo, es importante resaltar que el concepto de UX no fue inventado por una sola persona, sino que evolucionó a partir de varios campos interdisciplinarios, como la psicología, la ergonomía, el diseño de interacción y las ciencias cognitivas.

La idea de que la experiencia del usuario es fundamental para el éxito de un producto empezó a cobrar protagonismo a medida que la tecnología se hacía cada vez más presente en el día a día de las personas.

La llegada de internet y el crecimiento exponencial de las aplicaciones digitales impulsaron la necesidad de crear interfaces más amigables y accesibles. En este contexto, la UX ha llegado a ser reconocida como una ventaja competitiva para las empresas, ya que la satisfacción y fidelización de los usuarios se han convertido en elementos esenciales para el éxito de un producto o servicio.

Al principio, el foco estaba principalmente en la usabilidad, es decir, en asegurar que los productos fueran fáciles de usar y cubrieran las necesidades de los usuarios.

Con el tiempo, el concepto de UX se expandió más allá de la usabilidad, considerando también aspectos emocionales, afectivos y estéticos de la experiencia del usuario.

El campo de UX cubre una amplia gama de actividades y metodologías. Uno de los pasos fundamentales es la investigación de usuarios, que consiste en recopilar información sobre las necesidades, deseos, expectativas y comportamientos de los usuarios. Esta investigación puede llevarse a cabo a través de entrevistas, cuestionarios, observaciones u otros métodos, lo que permite a los profesionales de UX comprender mejor al público objetivo y sus contextos de uso.

Con base en los conocimientos obtenidos a través de la investigación de usuarios, los profesionales de UX desarrollan personajes, que son representaciones ficticias de usuarios con características y necesidades similares.

Las personas ayudan a guiar el proceso de diseño, lo que permite a los diseñadores ponerse en el lugar de los usuarios y tomar decisiones basadas en sus perspectivas.

En el proceso de UX, también es importante crear wireframes y prototipos. Los wireframes son bocetos o esquemas visuales que representan la estructura y el diseño de una interfaz. Los prototipos son versiones interactivas del producto que permiten probar y validar conceptos, funcionalidades y flujos de interacción con los usuarios antes del desarrollo completo.

La arquitectura de la información es otro campo que juega un papel clave en UX.

Se centra en la organización, estructura y navegación de la información en un producto o sistema. Una arquitectura de información bien planificada facilita la búsqueda y comprensión de la información, lo que hace que la experiencia del usuario sea más eficiente y satisfactoria.

Junto a él, tenemos el diseño de interfaces, que es otra área esencial en el campo de UX. Implica la creación visual e interactiva de elementos de la interfaz, como botones, menús, iconos y colores. Un buen diseño de interfaz busca la armonía entre estética y funcionalidad, procurando que la interfaz sea atractiva, intuitiva y fácil de usar.

Además de la investigación, la creación de prototipos, la arquitectura de la información y el diseño de interfaces, UX también abarca la evaluación y las pruebas de usabilidad. Estas actividades permiten identificar problemas y oportunidades de mejora en la interacción del usuario con el producto. A través de pruebas con usuarios reales, puede obtener comentarios valiosos y hacer los ajustes necesarios para garantizar una experiencia de usuario más satisfactoria.

Es importante destacar que UX no se limita solo a productos digitales, sino que también se aplica a productos y servicios físicos. Desde el empaque de un producto hasta la experiencia de servicio en una tienda física, UX abarca cada interacción que un usuario tiene con una marca u organización.

La aplicación de UX trae una serie de beneficios tanto para empresas como para usuarios. Para las empresas, una buena UX puede resultar en una mayor satisfacción del cliente, mayor lealtad, mayor competitividad en el mercado e incluso reducción de costos relacionados con soporte y capacitación. Para los usuarios, una UX bien diseñada significa facilidad de uso, eficiencia, placer en la interacción y satisfacción de sus necesidades.

En los últimos años, UX se ha vuelto cada vez más valorado e integrado en las prácticas de desarrollo de productos y servicios. Empresas de diferentes industrias están invirtiendo en equipos de UX, reconociendo su importancia estratégica e impacto en los resultados comerciales.

Finalmente, la Experiencia de Usuario (UX) es una disciplina que tiene como objetivo mejorar la interacción entre los usuarios y los productos, sistemas o servicios. Surgió como respuesta a la necesidad de diseñar experiencias positivas y significativas para los usuarios, teniendo en cuenta sus necesidades, deseos y expectativas. A través de un enfoque centrado en el usuario, UX busca crear productos y servicios que sean fáciles de usar, eficientes, agradables y que satisfagan las necesidades de los usuarios. Con la creciente importancia del diseño y la experiencia del usuario, el campo de UX continúa evolucionando, impulsado por la constante innovación tecnológica y la demanda de productos y servicios cada vez más intuitivos y satisfactorios.

Los 5 pilares fundamentales de la usabilidad

Imagina que estás organizando una cena especial para tus amigos.

Para conseguir que todos tengan una experiencia agradable, hay que tener en cuenta cinco aspectos fundamentales: la diversidad de gustos y preferencias, la eficacia en la preparación de los platos, la capacidad de memorizar recetas, la prevención de errores culinarios y, por supuesto, la satisfacción de los comensales. .

Primero, debe tener en cuenta la diversidad de gustos y preferencias. Al igual que con el diseño de UX, es importante ofrecer opciones que satisfagan las diferentes necesidades de sus invitados, como platos vegetarianos, sin gluten o platos con restricciones dietéticas específicas. Esto asegurará que todos puedan disfrutar de la cena de acuerdo a sus preferencias individuales.

A continuación, la eficiencia en la preparación de los platos es fundamental. Necesitas organizar tu cocina de forma que tengas al alcance los ingredientes y utensilios necesarios, optimizando el tiempo y evitando retrasos en la entrega de las comidas. Al igual que con el diseño de UX, la eficiencia es crucial para que los huéspedes tengan una experiencia fluida sin demoras innecesarias.

Otro aspecto importante es la capacidad de memorizar recetas. Imagina que necesitas consultar un libro de cocina en todo momento para recordar los pasos de preparación. Esto podría causar confusión y desgaste durante la cena. Asimismo, en el diseño de UX es necesario crear una experiencia memorable para los usuarios, de modo que puedan interactuar con el producto o servicio sin dificultades, incluso después de un período de ausencia.

Además, es crucial para prevenir errores culinarios. Imagina servir un plato demasiado salado o dejar de lado un ingrediente esencial. Esto puede comprometer la experiencia de sus invitados. En el diseño de UX, también es necesario pensar en cómo evitar errores que puedan frustrar a los usuarios, ya sea a través de comentarios claros y visuales, confirmaciones de acciones importantes o restricciones que eviten acciones no deseadas.

En última instancia, la satisfacción del huésped es el objetivo final. Usted quiere que se sientan satisfechos, disfruten la comida y se vayan de la cena sintiéndose positivos. Asimismo, en el diseño de UX, la satisfacción del usuario es clave. El objetivo es crear una experiencia agradable, funcional y que cumpla con las expectativas de los usuarios, para que estos queden satisfechos y tengan una percepción positiva del producto o servicio.

Esta analogía con una cena especial simplemente ilustra los cinco pilares de la usabilidad, destacando la importancia de considerar la diversidad, la eficiencia, la memorabilidad, la prevención de errores y la satisfacción del usuario en cualquier proyecto de diseño de UX, pero ahora, conozca cada uno de ellos de forma aislada.

Aprendiendo:

El aprendizaje se refiere a la facilidad con la que los usuarios pueden aprender a utilizar un producto o servicio. Un buen diseño de UX debe permitir a los usuarios comprender rápidamente cómo interactuar con el producto, sin necesidad de instrucciones complejas. Esto incluye una interfaz intuitiva, con elementos de diseño claros y que se explican por sí mismos, comentarios visuales e instrucciones breves cuando sea necesario. Al priorizar el aprendizaje, los diseñadores de UX buscan minimizar la curva de aprendizaje, para que los usuarios puedan comenzar a usar el producto de manera efectiva y autónoma.

Eficiencia:

La eficiencia se refiere a la rapidez y facilidad con la que los usuarios pueden realizar sus tareas y alcanzar sus objetivos al utilizar un producto o servicio. Un buen diseño de UX tiene como objetivo optimizar el flujo de trabajo y la interacción, reduciendo el esfuerzo y el tiempo necesarios para completar las tareas. Esto implica simplificar procesos, eliminar pasos innecesarios, tomar atajos y automatizar siempre que sea posible. Al priorizar la eficiencia, los diseñadores de UX buscan hacer que la experiencia del usuario sea más ágil y productiva, aumentando la productividad y minimizando las frustraciones.

memorable:

La memorabilidad se refiere a la facilidad con la que los usuarios pueden recordar cómo usar un producto o servicio después de un período de tiempo sin usarlo. Un buen diseño de UX busca crear una experiencia que sea memorable, para que los usuarios puedan volver al producto después de un tiempo y retomar la interacción sin dificultad. Esto se puede lograr a través de elementos visuales consistentes, patrones de diseño reconocibles, una estructura de navegación intuitiva y un lenguaje visual coherente. Al priorizar la memorabilidad, los diseñadores de UX buscan garantizar que los usuarios se sientan cómodos y seguros al reanudar el uso del producto después de un lapso de tiempo.

prevención de errores:

La prevención de errores se refiere a la capacidad de un diseño de UX para evitar o minimizar los errores cometidos por los usuarios. Un buen diseño de UX debe diseñarse de tal manera que reduzca la posibilidad de errores, haciendo que la interacción sea más segura y libre de errores. Esto puede

implicar el uso de comentarios visuales claros, advertencias

preventivas, confirmaciones de acciones importantes y

restricciones inteligentes. Al priorizar la prevención de errores,

los diseñadores de UX buscan evitar situaciones frustrantes y

mejorar la confianza del usuario al crear un entorno donde los

errores son menos probables y sus impactos se minimizan.

Satisfacción del usuario:

La satisfacción del usuario es un pilar fundamental de UX,

refiriéndose a la experiencia general y el sentimiento positivo

que tienen los usuarios al usar un producto o servicio. Un buen

diseño de UX debe tener en cuenta las emociones y

necesidades emocionales de los usuarios, creando una

experiencia placentera y satisfactoria. Esto implica la estética

del diseño, la elección de colores y elementos visuales

atractivos, la personalización de las preferencias del usuario y

el abordaje de las interacciones con empatía. Al priorizar la satisfacción del usuario, los diseñadores de UX buscan crear una conexión emocional entre el usuario y el producto, haciendo que la experiencia sea memorable y positiva.

Cada uno de estos pilares fundamentales de usabilidad es importante por derecho propio, pero también están interconectados y se influyen mutuamente. Por ejemplo, un diseño que prioriza el aprendizaje facilita la eficiencia, ya que los usuarios que entienden rápidamente cómo usar el producto pueden realizar sus tareas con mayor rapidez. Asimismo, un diseño que previene errores contribuye a la satisfacción del usuario, ya que los usuarios frustrados por los constantes errores tendrán una experiencia negativa e insatisfactoria.

Es importante resaltar que estos pilares de usabilidad son lineamientos generales y pueden variar según el contexto y las características del producto o servicio en cuestión. Por ejemplo, en una aplicación de edición de fotos, la eficiencia puede ser un factor clave, ya que permite a los usuarios editar sus imágenes de forma rápida y precisa. En un sitio de noticias, sin embargo, el aprendizaje y la recordación pueden ser más relevantes, ya que los usuarios deben poder encontrar y acceder fácilmente a la información deseada en futuras visitas.

Al crear un diseño de UX, es esencial considerar estos pilares de usabilidad juntos y equilibrarlos de acuerdo con las necesidades de los usuarios y los objetivos del producto o servicio. Cada uno de estos pilares juega un papel importante en la creación de una experiencia de usuario exitosa que sea agradable, eficiente, libre de errores y memorable.

Los cinco pilares fundamentales de la usabilidad de UX (aprendizaje, eficiencia, recordación, prevención de errores y satisfacción del usuario) son elementos clave para crear una experiencia de usuario positiva y significativa.

Estos pilares guían el proceso de diseño, ayudando a los profesionales de UX a diseñar productos y servicios que sean fáciles de aprender, eficientes de usar, memorables, libres de errores y capaces de brindar una experiencia satisfactoria y agradable para los usuarios. Al priorizar estos pilares, las empresas pueden aumentar la satisfacción de los usuarios, la lealtad a la marca y el éxito de sus productos o servicios en el mercado.

Las 10 Heurísticas de Nielsen

Las 10 heurísticas de Nielsen, también conocidas como "las 10 heurísticas de usabilidad de Nielsen", fueron propuestas por Jakob Nielsen, un reconocido experto en usabilidad, como un conjunto de principios rectores para evaluar la usabilidad de las interfaces de usuario. Estas heurísticas sirven como pautas para identificar problemas de usabilidad en un diseño y guiar las mejoras necesarias. A continuación detallamos cada uno de ellos:

Visibilidad del estado del sistema: el sistema siempre debe informar claramente a los usuarios lo que está sucediendo, ya sea a través de comentarios visuales, mensajes de estado o indicadores de progreso. Los usuarios deben ser capaces de entender lo que está pasando y si el sistema funciona correctamente.

Correspondencia entre el sistema y el mundo real: el sistema debe utilizar terminología, conceptos y convenciones familiares para los usuarios, con el fin de hacer más intuitiva la interacción. El lenguaje de diseño y los elementos deben reflejar el mundo real, evitando términos técnicos complejos o íconos confusos.

Control y libertad del usuario: los usuarios deben tener control sobre sus acciones y la capacidad de deshacer acciones no deseadas. Es importante proporcionar opciones de salida claramente visibles, como botones para cancelar o retroceder, para que los usuarios puedan sentirse más seguros y seguros al explorar el sistema.

Consistencia y estándares: los elementos de diseño deben ser consistentes en todo el sistema, siguiendo estándares reconocibles por los usuarios. Esto incluye la consistencia visual, del lenguaje y de la interacción. La estandarización facilita el aprendizaje y uso del sistema, ya que los usuarios pueden aplicar conocimientos previos a diferentes partes de la interfaz.

Prevención de errores: el sistema debe diseñarse de forma que se eviten errores, ya sea mediante restricciones inteligentes, confirmaciones de acciones importantes o retroalimentación clara y preventiva. Los usuarios deben ser guiados para evitar acciones que puedan tener consecuencias no deseadas o errores irreversibles.

Reconocimiento en lugar de recuerdo: el sistema debe minimizar la carga cognitiva de los usuarios presentando información importante con claridad y brindando sugerencias o recordatorios cuando sea necesario. En lugar de exigir a los usuarios que recuerden información específica, el diseño debe permitir el reconocimiento y la recuperación de información relevante.

Flexibilidad y eficiencia de uso: el sistema debe estar diseñado para servir tanto a usuarios novatos como experimentados. Debe proporcionar accesos directos, funciones avanzadas y otras opciones que permitan a los usuarios realizar tareas de manera rápida y eficiente si así lo desean.

Estética y diseño minimalista: el diseño de la interfaz debe ser estéticamente agradable, con elementos visuales limpios y ordenados. Demasiada información o elementos innecesarios pueden distraer a los usuarios y dificultar su comprensión. Es importante apuntar a la simplicidad y la claridad visual.

Ayuda y documentación: el sistema debe proporcionar ayuda y documentación adecuada para orientar a los usuarios en caso de dudas o dificultades. Es importante ofrecer información clara, accesible y relevante que esté disponible cuando los usuarios la necesiten. Sin embargo, el diseño debe ser lo suficientemente intuitivo como para que los usuarios no dependan exclusivamente de la documentación para utilizar el sistema.

Mensajes de error: cuando se producen errores, el sistema debe mostrar mensajes de error claros, precisos y fáciles de entender. Los mensajes deben indicar cuál fue el problema y brindar orientación sobre cómo solucionarlo. Es importante evitar mensajes técnicos o genéricos que no ayuden a los usuarios a resolver sus problemas.

Estas heurísticas de Nielsen se han utilizado ampliamente como guía para evaluar la usabilidad de las interfaces de usuario en diferentes contextos, desde aplicaciones móviles hasta sitios web y software. Al aplicar estas heurísticas a un proceso de diseño o evaluación, los profesionales de UX pueden identificar problemas comunes y enfocarse en mejoras específicas para hacer que la experiencia del usuario sea más eficiente, intuitiva y satisfactoria.

Cabe señalar que estas heurísticas no son reglas rígidas, sino lineamientos generales que pueden adaptarse a las necesidades específicas de cada proyecto.

Proporcionan una base sólida para el diseño centrado en el usuario y ayudan a crear interfaces que son más fáciles de usar y cumplen con las expectativas del usuario.

O Mindset do UX

El UX Mindset, o UX mindset, es un enfoque esencial para los profesionales que trabajan en el área de Experiencia de Usuario. Es una forma de pensar y actuar que sitúa al usuario en el centro del proceso de diseño y busca constantemente comprender sus necesidades, deseos y expectativas.

Primero, la UX Mindset requiere empatía. Es fundamental ponerse en el lugar del usuario, comprender sus motivaciones, frustraciones y objetivos. Esto implica escucha activa, investigación, entrevistas y pruebas con usuarios reales para obtener información valiosa para guiar el diseño. Al adoptar la empatía, los profesionales de UX pueden crear soluciones que satisfagan las necesidades reales de los usuarios, brindando una experiencia significativa y satisfactoria.

Además de la empatía, UX Mindset requiere una mentalidad de aprendizaje continuo. El área de UX está en constante evolución y es importante estar abierto a nuevas ideas,

conceptos y tecnologías. Los profesionales de UX deben estar

dispuestos a adquirir nuevos conocimientos, actualizarse sobre

las tendencias del mercado y mejorar constantemente sus

habilidades. Esta mentalidad de aprendizaje le permite

mantenerse al día con los cambios en el comportamiento de

los usuarios y las mejores prácticas de diseño, buscando

siempre ofrecer soluciones innovadoras y efectivas.

Otro aspecto importante de UX Mindset es la colaboración. El

trabajo en equipo es esencial para el éxito de los proyectos de

UX. Los profesionales de UX deben estar dispuestos a

colaborar con otros miembros del equipo, como diseñadores,

desarrolladores, analistas comerciales y partes interesadas. A

través de la colaboración, es posible integrar diferentes

perspectivas, compartir conocimientos y crear soluciones más

completas y en línea con los objetivos del proyecto. La lluvia de

ideas y la creación conjunta ayudan a evitar los silos y

garantizan que todos los involucrados estén alineados con la visión de brindar una excelente experiencia de usuario.

La flexibilidad también es una característica importante de UX Mindset. Los profesionales de UX deben estar abiertos a adaptarse a diferentes situaciones, lidiar con cambios de alcance y experimentar con nuevos enfoques. La primera solución no siempre es la mejor, y debe estar dispuesto a iterar, probar y refinar continuamente su diseño en función de los resultados y los comentarios de los usuarios. La flexibilidad permite que los profesionales de UX sean ágiles y receptivos, lo que garantiza que las soluciones sean realmente efectivas y relevantes para los usuarios.

Finalmente, UX Mindset requiere una mentalidad de resolución de problemas. Los profesionales de UX deben ser curiosos, analíticos y persistentes en la búsqueda de soluciones que respondan a los desafíos presentados. Deben ser capaces de identificar problemas, realizar investigaciones, analizar datos, crear prototipos y probar soluciones para resolver las dificultades que enfrentan los usuarios. Esta mentalidad de resolución de problemas permite a los profesionales de UX ser agentes de cambio, impulsando la mejora continua de la experiencia del usuario.

En resumen, UX Mindset es una mentalidad que abarca la empatía, el aprendizaje continuo, la colaboración, la flexibilidad y la resolución de problemas. Al adoptar esta mentalidad, los profesionales de UX se convierten en defensores de los usuarios y se esfuerzan constantemente por lograr la excelencia en la creación de productos y servicios centrados en el usuario.

Este enfoque no se limita solo a los profesionales de UX, sino que puede ser aplicado por cualquier persona involucrada en el proceso de diseño, desarrollo o gestión de productos. El UX Mindset fomenta una cultura organizacional enfocada en la satisfacción del usuario, promoviendo la innovación, la calidad y el éxito del producto.

Arquitectando la información

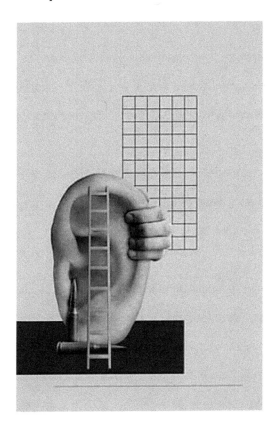

La arquitectura de la información es una disciplina de diseño de la información que se enfoca en organizar, estructurar y presentar la información de una manera clara y comprensible.

Implica crear sistemas de organización y navegación que permitan a los usuarios encontrar, comprender e interactuar de manera eficiente con la información.

En esencia, la arquitectura de la información tiene como principal objetivo facilitar el acceso y la comprensión de la información, asegurando una experiencia de usuario satisfactoria. Busca organizar los contenidos de forma lógica y coherente, considerando las necesidades y contextos de los usuarios.

Abarca diferentes aspectos, como la estructuración de contenidos, la creación de categorías y clasificaciones, la definición de sistemas de navegación, la creación de mapas de sitios y la creación de taxonomías.

Cada uno de estos elementos juega un papel clave en la organización y accesibilidad de la información.

La estructuración de contenidos implica organizar la información de forma jerárquica y secuencial, determinando la relación entre los diferentes elementos y la forma en que se presentan. Esto incluye definir secciones, subsecciones, páginas y elementos individuales como texto, imágenes y videos.

La creación de categorías y clasificaciones tiene como objetivo agrupar elementos según sus características y relaciones. Esta categorización puede basarse en diferentes criterios, como temática, tipo de contenido, público objetivo, entre otros. Ayuda a organizar la información y crear sistemas de búsqueda y navegación más eficientes.

Los sistemas de navegación son los encargados de proporcionar a los usuarios formas de moverse y explorar la información de forma intuitiva. Esto puede incluir menús, enlaces, botones y otros elementos interactivos que permitan a los usuarios moverse entre diferentes partes del sistema de información.

Los mapas del sitio son representaciones visuales de la estructura del sistema de información, que brindan una descripción general de las secciones y páginas disponibles. Ayudan a los usuarios a comprender la organización del contenido y a encontrar rápidamente lo que buscan.

También se relaciona con la usabilidad y accesibilidad de la información, buscando que la información se muestre de forma clara, legible y comprensible, teniendo en cuenta las características de los usuarios y sus necesidades.

En resumen, la arquitectura de la información es responsable de crear estructuras y sistemas organizacionales que hagan que la información sea accesible, comprensible y utilizable por los usuarios. Desempeña un papel clave en el diseño de interfaces y la creación de experiencias de usuario eficientes y satisfactorias. Al aplicar los principios de la arquitectura de la información, los profesionales de UX pueden garantizar que los usuarios encuentren la información de manera fácil y rápida, lo que aumenta la usabilidad y la calidad general de la experiencia del usuario.

Conoce a tu usuario

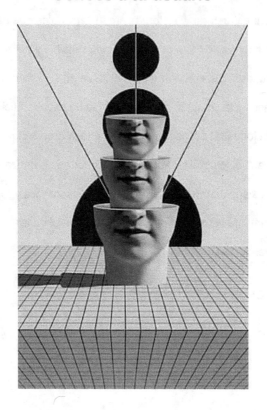

Seamos realistas: usted no es su propio usuario. Así que no puedes simplemente adivinar lo que quiere, cómo se comporta, cuáles son sus expectativas o qué piensa realmente sobre tu producto.

Si insistes en seguir lo que CREES que es mejor para tu usuario, corres el riesgo de cometer grandes errores. Esto significa que perderá tiempo (el suyo y el de su equipo) y dinero invirtiendo en herramientas o adaptaciones que simplemente no funcionarán.

Ahora bien, para convencerte de que conocer bien a tu usuario es fundamental, aquí tienes 4 sólidas razones:

Mejorar el desarrollo de productos: Es obvio, pero no podemos olvidarlo. Solo puedes crear un producto interesante y mejorar la experiencia del usuario si realmente lo sabes. ¿Cuál es tu necesidad? ¿Cuales son tus expectativas? ¿Cuáles son los dolores que quiere aliviar al acceder a su sitio web o aplicación? ¿Qué es lo que realmente piensa acerca de su producto? ¿Cuáles son tus dificultades? Todo esto es sumamente importante para definir los próximos pasos y prioridades para su producto.

Mejora tus contenidos: Cuando conoces bien a tu público objetivo, puedes seleccionar los mejores argumentos y elegir el momento adecuado para utilizarlos. Además, descubrirá qué contenido se necesita para atraer y convencer a los usuarios sobre los próximos pasos o cómo involucrarlos en su producto. Esto se aplica a cada paso, desde el flujo de ventas hasta la generación de clientes potenciales y el uso del producto en sí.

Identifica a tus mejores clientes: ¿Te imaginas que podrías estar perdiendo tiempo y dinero tratando de atraer y convertir a personas que simplemente no forman parte de tu perfil de usuario ideal? Por lo tanto, saber quiénes son, cómo se comportan y dónde están contribuirá significativamente a definir qué debes ofrecer en tu producto y cómo.

Adapta tu UX para diferentes perfiles: Tu sitio puede ser accedido por diferentes perfiles de usuarios, cada uno con diferentes expectativas. Si no conoce cada uno de ellos, corre el riesgo de crear un producto genérico que intente servir a todos, pero termine sirviendo a nadie de manera efectiva. Por lo tanto, conocer y usar personas puede hacer que su sitio web o aplicación sea de dos a cinco veces más eficiente y fácil de usar.

En resumen, conocer a tu público objetivo es fundamental para el éxito de tu producto. Al comprender las necesidades, expectativas y comportamientos de los usuarios, puede orientar sus esfuerzos de desarrollo, mejorar el contenido, identificar a los mejores clientes y crear una experiencia de usuario personalizada y satisfactoria. Así que no subestimes la importancia de conocer a tu usuario y deja que eso guíe tus decisiones de diseño y estrategia.

Agrupación de usuarios

Imagina que tienes un producto o servicio al que acceden diferentes personas, cada una con características únicas. Pero de alguna manera te das cuenta de que hay similitudes entre estas personas, lo que te permite crear personas para representar a los grupos de usuarios más importantes. ¿Como hacer eso?

Primero, debe agrupar a los usuarios por características comunes. Piensa en el grupo de edad, el género, el nivel educativo, la ocupación, lo que hacen en la vida real, sus objetivos al acceder a tu producto e incluso el nivel de experiencia del usuario. Estos son solo algunos ejemplos de criterios que se pueden utilizar para formar grupos. Con base en esta información, estará listo para crear personas.

Crear personas es simple pero extremadamente valioso. Cada persona debe tener algunos elementos esenciales:

Nombre de la persona: asigne un nombre a su persona para facilitar la identificación y la referencia durante las discusiones sobre el producto. Esto te ayudará a recordar a quién representa.

Edad: Establece una edad dentro del rango de edad que mejor represente a tus usuarios. Esto ayudará a darle a la persona un contexto más realista.

Nivel educativo: Descubre cuál es el nivel educativo predominante entre tus usuarios. Esto puede ir desde la educación primaria hasta la superior.

Ocupación: Identifica cuál es la ocupación más común entre tus usuarios. ¿Trabajan fuera del hogar, ocupan cargos directivos, son amas de casa o estudiantes? Esta información es importante para comprender el contexto y las necesidades de la persona.

Medios de comunicación más utilizados: Descubre cuáles son los principales canales de comunicación utilizados por tus usuarios. Esto puede incluir redes sociales, canales de televisión, dispositivos electrónicos, entre otros.

Objetivos: Comprende los objetivos principales de la persona al usar tu producto o servicio. Comprender los objetivos y necesidades individuales lo ayudará a crear una experiencia más específica.

Desafíos: Identificar las dificultades y dolores que enfrenta la persona. Esto le permite comprender las necesidades específicas y encontrar soluciones adecuadas.

Cómo puede ayudar nuestra empresa: Este es el momento de reflexionar sobre cómo su producto o servicio puede ayudar a superar los desafíos y alcanzar las metas de la persona. Aquí es donde demuestras el valor que ofrece tu negocio.

Foto: elija una foto que coincida con la descripción de la persona creada. Esto lo ayudará a visualizarlo de manera más realista y facilitará la memorización de sus características.

En función de la información sobre edad, educación, ocupación, medios de comunicación preferidos y objetivos, podrá adaptar el contenido, el idioma e incluso los canales de comunicación utilizados para llegar a cada persona de manera más efectiva.

Al comprender los desafíos específicos y los puntos débiles de cada persona, podrá ofrecer mejores soluciones. Esto permitirá que su empresa se posicione como un socio en el viaje del usuario, ayudándolo a superar obstáculos y alcanzar sus objetivos.

Incluir una foto para cada persona también juega un papel importante. Ayuda a dar vida a la representación ficticia, haciéndola más real y memorable. Cuando usted y su equipo pueden visualizar la persona como una persona real, se vuelve más fácil empatizar y comprender sus necesidades de una manera más profunda.

En última instancia, las personas se convierten en una herramienta esencial para tomar decisiones sobre el diseño, las características y las prioridades de su producto o servicio. En función de las características y preferencias de los personajes, puedes dirigir tus esfuerzos para crear una experiencia de usuario altamente satisfactoria que cumpla con las expectativas y necesidades de cada grupo.

taxonomía

La taxonomía es un campo de estudio dedicado a la clasificación y organización de elementos u objetos según sus características y relaciones.

Imagina que estás organizando una fiesta sorpresa para un amigo. Para asegurarse de que todo sea perfecto y cada detalle esté en el lugar correcto, decide aplicar la taxonomía.

Primero, crea categorías generales para facilitar la organización. Digamos que tiene categorías como decoración, comida, bebida, música y actividades. Estas categorías ayudan a agrupar elementos relacionados en sus respectivas áreas.

Ahora, dentro de la categoría de decoración, crea subcategorías como globos, pancartas, arreglos florales e iluminación. Estas subcategorías permiten una clasificación más precisa de los elementos decorativos que piensa utilizar.

En la categoría de alimentos, puede crear subcategorías como aperitivos, platos principales, guarniciones y postres. Cada subcategoría agrupa los diferentes tipos de comida que planeas servir en la fiesta.

En la categoría de bebidas, puede tener subcategorías como refrescos, jugos, bebidas alcohólicas y agua. Estas subcategorías ayudan a organizar las opciones de bebidas disponibles para sus invitados.

En la categoría de música, puede crear subcategorías como listas de reproducción de fiestas, canciones de cumpleaños favoritas y canciones de baile. Estas subcategorías te permiten seleccionar y organizar canciones según la ocasión.

Finalmente, en la categoría de actividades, puede tener subcategorías como juegos, bromas y sorpresas. Estas subcategorías ayudan a organizar las diferentes actividades planificadas para entretener a los invitados durante la fiesta.

Aplicando la taxonomía en este contexto, puedes organizar

todos los elementos de la fiesta de forma lógica y coherente.

Esto facilita la preparación, garantiza que nada se olvide y

ayuda a crear una experiencia agradable para la persona que

cumple años y los invitados.

Al igual que en la organización de la fiesta, la taxonomía es

una forma de clasificar y organizar los elementos según sus

características y relaciones. Nos ayuda a crear una estructura

lógica y facilita la búsqueda y comprensión de elementos

dentro de un sistema.

Esta práctica es ampliamente utilizada en muchas áreas, como

biología, biblioteconomía, informática y diseño de información.

En términos simples, la taxonomía consiste en agrupar

elementos similares en categorías o clases, con el fin de

facilitar la comprensión, búsqueda y recuperación de estos elementos. Implica crear un sistema de clasificación jerárquico, en el que los elementos se organizan en niveles de generalidad y especificidad.

La taxonomía se basa en criterios específicos que se utilizan para determinar a qué categoría pertenece un elemento. Estos criterios pueden basarse en características físicas, atributos funcionales, relaciones entre elementos o cualquier otro aspecto relevante para la clasificación. El objetivo es crear un sistema coherente e intuitivo donde cada elemento se asigne a la categoría más adecuada.

Una de las aplicaciones más comunes de la taxonomía es en la organización de la información y el contenido. Por ejemplo, en un sitio web o en una biblioteca digital, la taxonomía se puede utilizar para clasificar artículos, páginas o documentos en categorías y subcategorías específicas. Esto permite a los usuarios encontrar fácilmente el contenido deseado navegando a través de diferentes niveles de calificación.

Además, la taxonomía también juega un papel importante en la creación de sistemas de búsqueda eficientes. Al asignar etiquetas, palabras clave o metadatos a los elementos, es posible mejorar la precisión y relevancia de los resultados de búsqueda, ya que los elementos se clasifican según sus características más relevantes.

En el contexto del diseño de la información y la experiencia del usuario, la taxonomía juega un papel clave en la organización y estructuración de la información. Ayuda a crear interfaces más intuitivas y facilita que los usuarios encuentren y comprendan la información. Una taxonomía bien elaborada proporciona una experiencia de usuario más fluida y eficiente, lo que permite a los usuarios encontrar lo que buscan de forma rápida e intuitiva.

En resumen, al aplicar correctamente la taxonomía, es posible crear estructuras claras e intuitivas, lo que facilita a los usuarios la búsqueda y comprensión de la información.

5 problemas en arquitectura

de la información

La arquitectura de la información juega un papel clave en la creación de experiencias digitales intuitivas y eficientes. Se centra en la organización, estructura y navegación de la información dentro de un producto o sistema. Sin embargo, incluso con una planificación cuidadosa, pueden surgir problemas que comprometan la usabilidad y la experiencia del usuario. Para identificar estos problemas y garantizar una arquitectura de información efectiva, aquí hay 5 formas de detectarlos:

Métricas y análisis de datos de uso: una forma eficaz de identificar problemas en la arquitectura de la información es analizar las métricas y los datos de uso del producto. A través de herramientas de análisis, es posible identificar patrones de comportamiento de los usuarios, como tasas de rebote, tiempo de permanencia en determinadas secciones y rutas de navegación más habituales. Esta información puede revelar puntos problemáticos en la estructura de la información, como páginas poco visitadas o dificultades para encontrar cierta información.

Pruebas de usabilidad: realizar pruebas de usabilidad con usuarios reales es una forma valiosa de identificar problemas en la arquitectura de la información. Durante las pruebas, se pide a los participantes que realicen tareas específicas en el producto, mientras se observan sus interacciones y dificultades. Las pruebas de usabilidad pueden revelar problemas de navegación confusa, categorización inadecuada de la información, falta de claridad en la estructura del contenido, entre otros aspectos que impactan en la experiencia del usuario.

Evaluación heurística: la evaluación heurística es una técnica en la que los expertos en UX analizan la interfaz del producto en busca de problemas de usabilidad. Al aplicar una lista de heurísticas predefinidas, los expertos pueden identificar problemas comunes que afectan la arquitectura de la información, como la falta de consistencia en la organización de la información, la falta de comentarios de los usuarios y la falta de correspondencia entre el sistema y el mundo real. Este enfoque ofrece una visión crítica y objetiva de la estructura de la información.

Comentarios de los usuarios: La opinión y los comentarios de los usuarios son invaluables para detectar problemas en la arquitectura de la información. A través de encuestas, entrevistas o canales de apoyo, es posible recopilar información valiosa sobre la experiencia de los usuarios con la estructura de información existente. Los usuarios pueden reportar dificultades de navegación, problemas para localizar información relevante o sugerencias para mejorar la organización de la información. Esta retroalimentación directa del usuario puede proporcionar información valiosa para mejorar la arquitectura de la información.

Evaluación y evaluación comparativa de la competencia: observar y evaluar la arquitectura de la información de los productos de la competencia o las evaluaciones comparativas de la industria puede revelar información interesante. Al analizar cómo otros productos organizan su información y brindan una experiencia de navegación eficiente, es posible identificar posibles brechas en la propia arquitectura de la información. Este enfoque de evaluación comparativa puede ayudar a identificar oportunidades de mejora y adaptar las mejores prácticas utilizadas en el mercado.

Al usar estas 5 formas de detectar problemas en la arquitectura de la información, podrá identificar áreas de mejora y tomar acciones correctivas para mejorar la experiencia del usuario. Es importante recordar que la arquitectura de la información no es un proceso estático, sino un ciclo continuo de análisis, ajuste y optimización.

Mediante el análisis de datos y métricas de uso, la realización de pruebas de usabilidad, la aplicación de evaluaciones heurísticas, la recopilación de comentarios de los usuarios y la evaluación de la competencia, obtendrá una visión completa de la eficacia de su arquitectura de información. Estos enfoques se complementan entre sí, proporcionando información valiosa e identificando problemas potenciales en diferentes aspectos de la estructura de la información.

Recuerde que la detección temprana de problemas en la arquitectura de la información es fundamental para evitar frustraciones y garantizar una experiencia de usuario agradable e intuitiva. Al crear una estructura de información cohesiva y bien organizada, facilitará que los usuarios encuentren lo que buscan, naveguen sin problemas y obtengan la información relevante de manera rápida y eficiente.

Por lo tanto, no subestimes la importancia de detectar y solucionar problemas en la arquitectura de la información.

Utilice estas 5 formas de análisis y esté constantemente atento a las necesidades y comentarios de los usuarios. De esa forma, estarás en el camino correcto para crear productos digitales que ofrezcan una experiencia excepcional, agregando valor y logrando la satisfacción del usuario.

Pruebas A/B: las variaciones de lo que funciona

Las pruebas A/B son una estrategia fundamental en el campo de la UX (User Experience) y el marketing digital. Consiste en presentar a los usuarios dos versiones diferentes de una página, recurso o elemento, y analizar cuál ofrece mejores resultados en términos de participación, conversiones y satisfacción del usuario.

La principal ventaja de las pruebas A/B es que te permite tomar decisiones basadas en datos concretos en lugar de suposiciones u opiniones subjetivas. Al realizar estas pruebas, puede comprender cómo los pequeños cambios en la interfaz o el contenido pueden tener un impacto significativo en el comportamiento del usuario.

Aquí hay algunas razones por las que las pruebas A/B son tan importantes:

Mejora continua: las pruebas A/B permiten una mejora constante de la experiencia del usuario. Al ejecutar pruebas, puede identificar qué funciona mejor para su audiencia y ajustar su estrategia en función de los resultados. Esto le permite mejorar continuamente la usabilidad, el diseño y la eficacia de su producto o sitio web.

Optimización de conversión: el objetivo final de cualquier negocio es convertir a los visitantes en clientes o usuarios activos. Las pruebas A/B pueden ayudar a optimizar las tasas de conversión al identificar elementos que animan a los usuarios a realizar las acciones deseadas, como realizar una compra, completar un formulario o suscribirse a un boletín informativo. Al probar diferentes variaciones, puede descubrir el diseño, el texto o los llamados a la acción más efectivos.

Reducción de riesgos: antes de implementar un cambio significativo en un producto o sitio, es aconsejable probar diferentes enfoques para reducir el riesgo. Las pruebas A/B te permiten validar hipótesis y minimizar el impacto negativo de decisiones equivocadas. Al probar pequeños cambios de forma controlada, evita implementar grandes cambios sin estar seguro de su impacto.

Personalización de la experiencia: Cada usuario es único y tiene diferentes preferencias y necesidades. Las pruebas A/B pueden ayudar a personalizar la experiencia del usuario, ofreciendo variaciones adaptadas a diferentes segmentos o perfiles de usuario. Esto puede incluir cambios en el idioma, las imágenes, las ofertas o la organización del contenido, lo que permite que cada usuario tenga una experiencia más relevante y satisfactoria.

Basado en evidencia: cuando toma decisiones basadas en pruebas A/B, tiene datos reales para respaldar sus elecciones. Esto facilita la justificación de sus decisiones ante el equipo o las partes interesadas, ya que puede mostrar el impacto positivo de los cambios en función de resultados tangibles.

En resumen, las pruebas A/B son una herramienta esencial para mejorar la experiencia del usuario y optimizar los resultados de un producto o sitio web. Le permite tomar decisiones informadas, reducir el riesgo, personalizar la experiencia y esforzarse constantemente por la mejora continua. Al implementar pruebas A/B en su estrategia, estará bien encaminado para brindar una experiencia de usuario excepcional y lograr mejores resultados en sus objetivos comerciales.

Integración de textos en el diseño.

Cuando integra texto y diseño, crea una combinación adecuada de imágenes y contenido textual que puede transmitir mensajes claros, proporcionar información relevante y captar la atención del usuario.

Exploremos algunas estrategias para lograr esa conexión.

Coherencia visual: Los textos e imágenes deben estar alineados visualmente, siguiendo el mismo lenguaje de diseño, estilo y paleta de colores. Esto ayuda a crear una identidad visual cohesiva y armoniosa, transmitiendo un mensaje unificado a los usuarios.

Complementariedad de contenido: Los textos deben complementar las imágenes, ofreciendo información adicional o profundizando en el significado visual. Por ejemplo, en un sitio web de viajes, una imagen de un destino exótico puede ir acompañada de un texto que describa las atracciones locales, consejos de viaje e información útil.

Jerarquía visual: la jerarquía visual adecuada permite a los usuarios identificar fácilmente la relación entre textos e imágenes. El uso de tamaños de fuente, colores y ubicación estratégica puede ayudar a resaltar información importante y dirigir la atención del usuario a elementos visuales relevantes.

Contextualización: Es importante contextualizar las imágenes a través de textos descriptivos o leyendas. Esto ayuda a transmitir el propósito y el significado de la imagen, evitando la ambigüedad y asegurando que los usuarios comprendan el mensaje deseado.

Coherencia de estilo: mantenga un estilo coherente en todo el diseño, tanto en el texto como en las imágenes. Esto incluye el uso de fuentes consistentes, estilos de escritura consistentes e imágenes que se ajusten al tema general. La consistencia

ayuda a crear una experiencia unificada y confiable.

Interacción: explore formas de interactuar entre textos e

imágenes para atraer a los usuarios. Por ejemplo, al pasar el

cursor sobre una imagen, se puede mostrar una descripción o

información relacionada adicional. Esto crea una experiencia

interactiva y aumenta la participación del usuario.

Claridad y sencillez: Tanto los textos como las imágenes deben

ser claros y concisos, evitando información excesiva o

compleja. Mantenga el mensaje directo y al punto,

asegurándose de que los usuarios puedan absorber fácilmente

el contenido visual y textual.

Comprender las necesidades y expectativas de los usuarios es

clave para crear una combinación efectiva e impactante. Al

equilibrar los elementos visuales y el contenido textual, puede brindar una experiencia cohesiva y significativa, aumentando la facilidad de uso y la satisfacción del usuario.

Intimidad con el mundo real

En el mundo digital en constante evolución, es cada vez más importante crear experiencias que brinden a los usuarios una sensación de intimidad con el mundo real.

Aunque internet y la tecnología nos han dado acceso a multitud de recursos y posibilidades, muchas veces pueden parecer impersonales y desconectados de nuestra realidad cotidiana.

Sin embargo, al presentar al usuario esta intimidad con el mundo real, es posible crear experiencias más auténticas, atractivas y memorables.

Una forma de lograr esta intimidad es a través del diseño y la interacción.

Mediante el diseño de interfaces que se asemejan a objetos físicos con los que los usuarios están familiarizados, como botones que parecen botones físicos, menús que imitan a los de un restaurante o elementos visuales que se remontan a objetos del mundo real, podemos crear una sensación de familiaridad y comodidad. . .

Esto ayuda a los usuarios a sentirse más cómodos y facilita la comprensión e interacción con el sistema.

Otro enfoque es utilizar elementos del mundo real para proporcionar contexto y significado.

Por ejemplo, al presentar información o instrucciones, podemos usar metáforas o analogías relacionadas con el mundo real para que el contenido sea más comprensible y relevante.

Esto permite a los usuarios conectarse con la información de una manera más significativa, relacionándola con experiencias o conceptos que ya conocen.

Además, podemos explotar el poder de la personalización para crear una sensación de intimidad con el mundo real.

Al permitir que los usuarios personalicen sus configuraciones, preferencias e incluso la apariencia de la interfaz, les estamos dando la oportunidad de crear un entorno que refleje sus gustos y preferencias individuales.

Esto crea un sentido de pertenencia e identificación, acercando la experiencia digital a la realidad personal de cada usuario.

Considere la experiencia sensorial en la creación de una intimidad con el mundo real.

La incorporación de elementos visuales, sonoros y táctiles puede despertar emociones y recuerdos asociados a experiencias reales.

Los sonidos familiares, las animaciones realistas e incluso la sensación táctil al interactuar con la interfaz pueden contribuir a una experiencia más inmersiva y atractiva.

Al presentar al usuario una intimidad con el mundo real, estamos creando una conexión más profunda y auténtica. Esto da como resultado una experiencia de usuario más atractiva, memorable y satisfactoria.

Al considerar el contexto y las expectativas del usuario, utilizando elementos de diseño, metáforas, personalización y experiencia sensorial, podemos crear interfaces digitales que trascienden la tecnología y se convierten en verdaderas extensiones del mundo real, enriqueciendo la vida de los usuarios.

Experiencia de usuario ágil

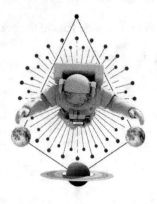

Agile UX es un enfoque que combina los principios de la

metodología ágil con los conceptos y prácticas de la

experiencia del usuario (UX). Esta fusión permite a los equipos

de desarrollo de productos y servicios crear experiencias de

usuario de una manera más colaborativa, iterativa y centrada

en el usuario.

La metodología ágil es conocida por su énfasis en la

flexibilidad, la adaptación y la entrega continua de valor al

cliente. Valora la interacción frecuente entre los miembros del

equipo y la capacidad de respuesta a los cambios durante el

proceso de desarrollo. Por otro lado, la Experiencia de Usuario

(UX) busca entender las necesidades, expectativas y

comportamientos de los usuarios para diseñar soluciones que

sean útiles, usables y agradables.

En el contexto de Agile UX, los principios ágiles se aplican para mejorar la forma en que trabajan los equipos de UX. En lugar de realizar una investigación exhaustiva y una planificación detallada al comienzo del proyecto, Agile UX valora el aprendizaje continuo durante todo el proceso. El equipo de UX trabaja en estrecha colaboración con desarrolladores, analistas comerciales y otros miembros del equipo ágil para garantizar que las necesidades de los usuarios se satisfagan de manera eficiente.

Una de las características clave de Agile UX es la creación rápida e iterativa de prototipos. En lugar de crear un diseño completo antes del desarrollo, el equipo de UX produce prototipos de baja fidelidad que se pueden probar y refinar con los comentarios de los usuarios. Esto permite que los problemas se identifiquen temprano y que las soluciones se iteren en base a evidencia real.

Otro aspecto importante es la colaboración multidisciplinar. Los miembros del equipo trabajan juntos en cada etapa del proyecto, compartiendo conocimientos y tomando decisiones conjuntas. Esto ayuda a evitar silos de información y garantiza que la opinión del usuario se tenga en cuenta en todas las decisiones.

El enfoque Agile UX también enfatiza la entrega continua de valor. En lugar de esperar hasta el final del proyecto para lanzar el producto final, los equipos de Agile UX tienen como objetivo ofrecer incrementos de valor para el usuario en intervalos cortos. Esto permite incorporar rápidamente los comentarios de los usuarios y realizar ajustes a lo largo del proceso de desarrollo.

En resumen, Agile UX combina principios ágiles con conceptos de experiencia de usuario para crear un enfoque colaborativo, iterativo y centrado en el usuario para el desarrollo de productos y servicios. Al incorporar la creación rápida de prototipos, la colaboración interdisciplinaria y la entrega continua de valor, es más probable que los equipos de Agile UX creen experiencias que satisfagan las necesidades de los usuarios y brinden resultados efectivos.

Lean UX - Pensamiento Lean

Lean UX es un enfoque que combina principios de pensamiento lean con conceptos y prácticas de experiencia de usuario (UX). Esta metodología tiene como principal objetivo eliminar desperdicios y maximizar el valor entregado al usuario, de manera ágil y eficiente.

El pensamiento Lean, originario de la industria automotriz japonesa, busca reducir todo tipo de desperdicio en un proceso, ya sea de tiempo, recursos o esfuerzos innecesarios. En el contexto de Lean UX, este principio se aplica al desarrollo de productos y servicios, con el objetivo de crear un enfoque más centrado en el usuario y orientado a los resultados.

A diferencia de los enfoques tradicionales de UX, que implican una investigación exhaustiva y una documentación detallada, Lean UX valora la experimentación rápida y el aprendizaje continuo. La idea es probar hipótesis y validar soluciones de forma iterativa, en función de los comentarios de los usuarios y datos reales.

Una de las principales características de Lean UX es el énfasis en la colaboración multidisciplinar. Los equipos están formados por miembros de diferentes áreas, como diseño, desarrollo, negocios y marketing, que trabajan juntos desde el inicio del proyecto. Esta colaboración permite un constante intercambio de ideas y conocimientos, dando como resultado soluciones más integradas y acordes con las necesidades de los usuarios.

Otro aspecto fundamental de Lean UX es la creación de MVPs (Minimum Viable Products) o MLPs (Minimum Loveable Products). Estas versiones reducidas del producto se desarrollan rápidamente y se lanzan al mercado para recibir comentarios y validación de los usuarios. Con base en estos conocimientos, el equipo puede iterar y mejorar el producto de manera incremental, evitando desperdiciar recursos en funcionalidades innecesarias.

El enfoque Lean UX también valora la visualización de ideas y conceptos. En lugar de largos documentos o especificaciones técnicas, se utilizan métodos visuales como bocetos, esquemas y guiones gráficos para comunicar y alinear las ideas del equipo. Esto ayuda a reducir la ambigüedad y acelerar el proceso de desarrollo.

Además, Lean UX promueve la mentalidad de experimentación y aprendizaje continuos. Los errores se ven como oportunidades de aprendizaje y el equipo siempre está dispuesto a adaptar y ajustar las soluciones en función de los conocimientos adquiridos. Esto permite una evolución constante del producto, lo que da como resultado una experiencia de usuario más refinada y alineada con las necesidades del público objetivo.

En resumen, Lean UX es un enfoque ágil y orientado a resultados que busca eliminar el desperdicio y maximizar el valor entregado al usuario. Con su énfasis en la experimentación, la colaboración multidisciplinaria y el aprendizaje continuo, Lean UX ofrece una forma efectiva de crear productos y servicios que se ajustan más a las necesidades del usuario, evitando el desperdicio de recursos y esfuerzos innecesarios.

Crear un MVP en la práctica

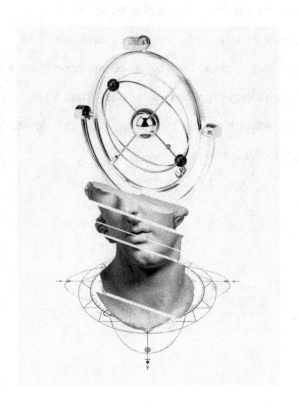

Crear un MVP (Producto Mínimo Viable) basado en la experiencia del usuario usando texto y diseño implica seguir algunos pasos importantes. Aquí hay algunas pautas para ayudar con este proceso:

Define el objetivo: Empieza por definir claramente cuál es el objetivo de tu MVP. Identifique qué problema o necesidad del usuario desea resolver y qué valor brindará su producto o servicio.

Identifica las funcionalidades esenciales: Determina cuáles son las principales funcionalidades de tu producto que son necesarias para cumplir con el objetivo establecido. Enfócate en lo mínimo necesario para validar la propuesta de valor y evita desarrollar funcionalidades innecesarias.

Cree una estructura de texto: Desarrolle una estructura de texto clara y concisa que guiará su presentación de MVP. Organice la información de forma lógica, destacando los principales beneficios y características del producto. Utilice un lenguaje directo y atractivo para transmitir la propuesta de valor a los usuarios.

Diseña la interfaz: utiliza el diseño para crear una interfaz visual atractiva e intuitiva. Considere la identidad visual de su marca y cree un diseño limpio y ordenado. Priorice la usabilidad haciendo que las acciones del usuario sean fáciles de entender y realizar. Recuerda que el diseño debe alinearse con la propuesta de valor del producto.

Prototipo de la experiencia del usuario: use herramientas de creación de prototipos para simular la interacción del usuario con su MVP. Esto te permitirá probar y validar la usabilidad, navegabilidad y fluidez de la experiencia de usuario. Iterar sobre el prototipo en base al feedback recibido, buscando siempre mejorar la interacción y comprensión del producto.

Realice pruebas de usabilidad: invite a usuarios representativos a probar su MVP. Observe sus interacciones y recopile comentarios sobre la experiencia. Analice métricas e identifique áreas de mejora. Estas pruebas ayudarán a validar las decisiones de texto y diseño, así como a identificar posibles problemas u oportunidades de mejora.

Realice ajustes e iteraciones: en función de los resultados de la prueba de usabilidad, realice los ajustes necesarios en el texto y el diseño de MVP. Iterar para refinar la experiencia del usuario, solucionar problemas e incorporar comentarios relevantes. Este proceso de mejora continua es fundamental para crear un producto que esté en línea con las expectativas y necesidades de los usuarios.

Recuerda que el propósito del MVP es validar la propuesta de valor y obtener aprendizajes a través de la interacción con los usuarios. Así que manténgase abierto a ajustes y adaptaciones durante todo el proceso. A medida que recopile comentarios e itere, se acercará cada vez más a la creación de una experiencia de usuario significativa e impactante.

Los usuarios quieren transparencia

Los usuarios valoran la transparencia. De nada sirve usar letra pequeña con asteriscos al final de la pantalla, ocultar el precio, revelar el tiempo de entrega solo al finalizar la compra o no dejar clara la política de cambios. Es fundamental que toda esta información se presente de forma clara y accesible. La transparencia es fundamental para que el usuario se sienta seguro y confiado a la hora de utilizar tu producto.

Cuando todo se presenta de forma transparente, el usuario tiene una comprensión clara de las condiciones y expectativas involucradas. Esto genera confianza, ya que sabe exactamente lo que está comprando y qué compromisos ha asumido. Además, la transparencia contribuye a una relación sana entre la empresa y el usuario, construyendo una base sólida de confianza y lealtad.

Además, es importante evitar pedir a los usuarios datos innecesarios. A menudo, cuando se enfrentan a formularios extensos o solicitudes excesivas de información personal, los usuarios pueden sentirse incómodos y sospechosos. Entonces, si puede simplificar y minimizar la cantidad de datos solicitados, será aún más favorable para la experiencia del usuario.

En general, al brindar transparencia y evitar la solicitud excesiva de datos, demuestra respeto por el usuario y valora su privacidad. Esto crea un ambiente más acogedor donde los usuarios se sienten cómodos explorando y usando su producto. La transparencia es un factor clave para ganarse la confianza de los usuarios y cultivar una relación duradera.

Botones grandes y obvios

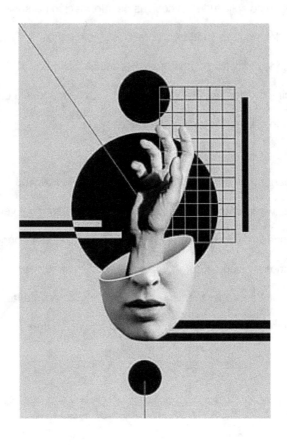

¿Sabías que el dedo de una persona mide, en promedio, 16-20 mm? Esta información es esencial al considerar el tamaño de los elementos en los que se puede hacer clic en su sitio web o aplicación.

Al diseñar interfaces digitales, es fundamental asegurarse de que los usuarios puedan interactuar fácilmente con los elementos a través del tacto. El tamaño de las ubicaciones de clic, también conocidas como botones o áreas interactivas, juega un papel clave en este sentido.

Al tener en cuenta el tamaño promedio de los dedos, es posible evitar que los usuarios tengan dificultades para alcanzar el objetivo deseado. Si las ubicaciones de los clics son demasiado pequeñas, los usuarios pueden tocar por error las áreas adyacentes, lo que genera frustración y una experiencia negativa.

Por otro lado, al aumentar el tamaño de las ubicaciones de los clics, proporciona una interacción más precisa y cómoda. Esto significa que los usuarios podrán seleccionar los elementos deseados con mayor facilidad y precisión, reduciendo la posibilidad de errores y mejorando la usabilidad de su sitio web o aplicación.

Además del tamaño, también es importante tener en cuenta el espacio entre las ubicaciones de los clics. Es una buena idea dejar un espacio adecuado entre los elementos interactivos para evitar toques accidentales y permitir que los usuarios naveguen fácilmente.

Cuando diseñe su interfaz, tenga en cuenta el tamaño promedio de los dedos de los usuarios y aplique los tamaños apropiados para hacer clic en las ubicaciones. De esta forma, estarás creando una experiencia más amigable e intuitiva, haciendo que la interacción con tu sitio web o aplicación sea más agradable y eficiente para todos los usuarios.

Conclusión

A lo largo de este material, exploramos varios aspectos relacionados con la experiencia del usuario (UX) y su importancia en la creación de productos digitales.

Vimos que UX involucra la forma en que los usuarios interactúan y perciben un producto, considerando factores como la usabilidad, la satisfacción y la eficiencia.

Discutimos los pilares fundamentales de la usabilidad, que son el aprendizaje, la eficiencia, la recordación, la prevención de errores y la satisfacción del usuario.

Estos elementos son fundamentales para garantizar una experiencia positiva y agradable a los usuarios, lo que redunda en un mayor compromiso y fidelización.

También exploramos conceptos como la taxonomía y la arquitectura de la información, que juegan un papel importante en la organización y estructuración de la información en un producto.

La taxonomía ayuda en la categorización y organización de los contenidos, mientras que la arquitectura de la información define la forma en que estos contenidos se presentan al usuario.

Nos acercamos a las heurísticas de Nielsen, un conjunto de principios que ayudan a identificar problemas de usabilidad.

Estas heurísticas brindan pautas importantes para crear productos más intuitivos y eficientes, teniendo en cuenta aspectos como la retroalimentación, la consistencia y la flexibilidad.

También hablamos sobre la mentalidad de UX, que implica adoptar una mentalidad centrada en el usuario al diseñar y desarrollar un producto. Tener una mentalidad UX significa poner en primer plano las necesidades y expectativas del usuario, buscando constantemente mejorar la experiencia ofrecida.

Además, exploramos enfoques ágiles como Agile UX y Lean UX que promueven la colaboración, la iteración y la adaptación continua durante el proceso de desarrollo.

Estas metodologías ágiles permiten un enfoque más flexible y eficiente para crear productos basados en las necesidades y los comentarios de los usuarios.

Finalmente, destacamos la importancia de las pruebas A/B y MVP en la experiencia del usuario. Las pruebas A/B le permiten comparar dos versiones de un elemento o funcionalidad para identificar cuál ofrece una mejor experiencia de usuario. El MVP (Minimum Viable Product) permite lanzar una versión inicial del producto con las funcionalidades mínimas necesarias, permitiendo probar y validar hipótesis en base a la retroalimentación de los usuarios.

En resumen, la experiencia del usuario es un factor crucial en el desarrollo de productos digitales exitosos. Tener en cuenta los principios de usabilidad, adoptar una mentalidad centrada en el usuario, utilizar enfoques ágiles y realizar pruebas e interacciones constantes son prácticas fundamentales para crear productos que satisfagan las necesidades y expectativas de los usuarios, brindando una experiencia positiva, eficiente y memorable.

¿Quién es Matheus Martins Soares?

 Matheus es Ex-Militar / Agente Presidencial, graduado en Marketing desde 2018 y especialista en redacción publicitaria. Ha escrito para más de 27 nichos diferentes, mostrando su capacidad de adaptación a diferentes temas y audiencias. A lo largo de su carrera, ha trabajado en grandes empresas, como la revista de negocios más grande del país y la consultoría de marketing más grande de Brasil. Contribuyó al éxito de importantes campañas, generando + 30m en ventas para sus clientes. Publicó más de 200 libros en Amazon y ganó lectores en más de 12 países diferentes. Experto en StoryTelling y UX Writing, también trabaja entre bastidores como GhostWriter, dando voz a las ideas e historias de otras personas. Su método es capaz de escribir un libro en menos de 24 horas.

Con visión estratégica y conocimientos en marketing, ayuda a empresas, autores y proyectos literarios a alcanzar el éxito. Se encontró en el mundo del marketing, la escritura y el comportamiento humano.